Ursula Calis

Aufläufe
Gratins, Quiches und Tartes

KOMPASS Küchenschätze

Ein Wort zuvor

Sie zählen zu den unwiderstehlichen Leckerbissen aus dem Backofen: der beliebte Auflauf, das knusprige Gratin, die saftige Quiche und die fruchtige Tarte.

Diese reizvollen Gerichte - ob als Vorspeise, Beilage, Hauptmahlzeit oder Dessert serviert - lassen sich stets gut vorbereiten und sind daher auch zur Bewirtung von Gästen ideal einsetzbar. Sobald die Speise im Backofen ist, findet man Zeit, ergänzende Beilagen vorzubereiten oder sich in aller Ruhe den Gästen zuzuwenden. Ohne ständiges Beaufsichtigen kann man ganz schlichte, aber auch raffinierte Kompositionen in süßer oder delikater Ausrichtung zusammenstellen.

Die Rezept-Vorschläge dieses Buches berücksichtigen daher Pikantes und Fruchtiges in einer ausgewogenen Zuordnung. Passende Beilagen sowie Getränkeempfehlungen ergänzen die einzelnen Rezeptideen. Darüber hinaus erhalten Sie eine Fülle von Tipps und Vorschläge für weitere Variationen.

Die nachfolgenden Seiten liefern Ihnen vorab eine kurze Einführung in die Besonderheiten der verschiedenen Backofen-Spezialitäten. Sie erfahren Wissenswertes über die wichtigsten Zutaten, die optimale Einstellung des Backofens und die richtigen Formenmaterialien. Mit diesen Informationen und den detaillierten Rezeptangaben fällt es Ihnen sicher leicht, die verschiedenen Aufläufe, Gratins, Quiches und Tartes nachzubacken.

Dabei wünsche ich Ihnen stets gutes Gelingen und immer viel Erfolg.

Ihre

Ursula Calis

Inhalt

Wissenswertes über Aufläufe, Gratins, Quiches und Tartes

Aufläufe

Ein typisches Merkmal pikanter oder süßer Aufläufe ist ihre gehaltvolle Zusammensetzung. Sie werden daher, in Kombination mit attraktiven Beilagen, als Hauptgericht serviert. Die Zubereitung ist einfach, man sollte lediglich darauf achten, dass alle Zutaten vergleichbare Garzeiten aufweisen.

Charakteristisch für einen Auflauf ist sein „Aufgehen" während des Backens. Dies wird durch die Zugabe von Eiern bewirkt, die die Mischung zusammenhalten. Sie lassen sich im Ganzen, mit den übrigen Zutaten vermischt, oder als Eischnee unterheben. Die Grundmassen für süße Aufläufe sind eher etwas „luftiger". Die Zugabe von Früchten unterstützt den Geschmack. Die klassischen Auflaufformen sind eher hoch, damit das Gericht nicht austrocknet und genügend Platz zum Aufgehen hat. Pikante Aufläufe schmecken am besten heiß, die süße Variante serviert man hingegen lauwarm oder abgekühlt.

Gratins

Gratins sind vielseitig variierbar. Sie können daraus Vorspeisen, Hauptgerichte, Beilagen oder - in der süßen Version - auch Desserts zaubern. Man bereitet sie bei einer hohen Backofentemperatur oder direkt unter dem Grill zu, da gratinieren eigentlich nichts anderes als „überbacken" bedeutet.

Das Beste eines Gratins ist seine schöne Kruste. Sie entsteht, wenn geriebener Käse in Kombination mit Butter verwendet wird. Auch die beliebte Béchamelsauce oder eine gut gewürzte Eiermilch lassen sich bestens einsetzen. Für süße Gratins reichen oft schon etwas Butter mit Zucker oder Semmelbröseln. Möglichst flache und eher weite Gratinformen sind idealerweise zu bevorzugen. Nachdem die Leistung der verschiedenen Backöfen unterschiedlich ist, kontrollieren Sie gelegentlich die Bräunung, wenn Sie ein Rezept das erste Mal probieren, damit die Oberseite des Gratins nicht zu dunkel wird.

Quiches

Die „Quiche“ ist ursprünglich eine Lothringer Spezialität, die als „Quiche lorraine“ mittlerweile weit über die Grenzen Frankreichs hinaus bekannt und beliebt ist. Hierzu wird auf einem salzigen Mürbeteig - alternativ nimmt man Blätterteig - eine herzhafte Füllung aufgebracht, mit einer Eiercreme übergossen und anschließend im Backofen goldbraun zubereitet.
Die Schweizer Variante heißt „Wähe“. Hierfür benötigt man, nach Art des Landes, stets viel geriebenen Käse.

Wichtig für ein gutes Gelingen der Quiche ist die Wahl der richtigen Backform und Temperatur. Da der Belag in der Regel feucht ist, verwendet man am besten eine weite Form aus dunklem Metall, damit der Boden gut durchbäckt. Helle Materialien reflektieren die Backofenhitze und geben die Wärme nur schlecht weiter. Wird die Quiche mit einer besonders reichhaltigen Auflage zubereitet, so lässt man sie nach Ablauf der Backzeit noch einige Minuten im ausgeschalteten Backofen stehen. Auch das Vorbacken („Blindbacken“ genannt) des Teiges hat sich bewährt. In den entsprechenden Rezepten finden Sie hierzu die passenden Hinweise.
Eine Quiche lässt sich als Vorspeise oder, in Kombination mit passenden Beilagen, auch als Hauptgericht servieren.

Tartes

Die Tarte ist die französische „Schwester“ der beliebten Torte. Sie ist jedoch eher flach und wird in der Regel mit einer saftigen Obstauflage zubereitet. Auf einem dünnen Mürbe- oder Blätterteig bäckt man sie bei relativ hohen Temperaturen in kurzer Zeit. Servieren Sie eine Tarte stets frisch aus einer runden, halbhohen oder speziellen Tarteform.

Die passenden Backformen

Bei Aufläufen ist die Wahl des Geschirrs in Bezug auf Höhe oder Ausführung von der Art des Rezeptes abhängig. Ein eher flacher Auflauf benötigt eine halbhohe und großflächige Form, gleiches gilt für Gratins. Aufläufe, die noch stark aufgehen und dabei ein größeres Volumen entwickeln, gibt man am besten in eine hohe Form mit geraden Wänden, an denen die Eimasse hochsteigen kann. Die Form selbst sollte rund oder, oval, jedoch keinesfalls eckig sein. Sie darf auch nur zur Hälfte gefüllt werden, damit die Masse genügend Platz zum Aufgehen hat.

Für alle Auflauf- oder Gratinformen gilt: sie müssen hitzebeständig und backofenfest sein. Besitzt das Geschirr einen kleinen Rand oder sogar Griffe, so ist es leichter aus dem Backofen entnehmbar.

Neben Glas, Glaskeramik, Keramik oder Porzellan haben sich ebenfalls

Metallformen oder flache Bräter bewährt, zumal sich Formen aus diesem Material leichter reinigen lassen.

Als Grundausstattung für das Backen von Quiches genügt eine dunkle Springform (ø 26 bzw. 28 cm). Für die Tarte ist eine

spezielle Form erhältlich. Alternativ können Sie auch Pizzaformen einsetzen. Generell sind Backformen aus schwarz lackiertem, silikonbeschichtetem oder emailliertem Metall am besten verwendbar.

Die wichtigsten Zutaten

Jedes Gericht ist so gut, wie die Zutaten aus denen es bereitet wird. Nachfolgend einige Tipps für die wichtigsten Beigaben:

Käse
Für pikante Aufläufe oder knusprige Gratins eignen sich folgende Käsesorten

- Emmentaler (großlöchriger Hartkäse aus der Schweiz); würziger Geschmack
- Gouda (holl. Schnittkäse); je nach Reifegrad mild (junger Gouda) bis herzhaft („Pikantje")
- Edamer (holl. Schnittkäse); mild
- Chester (engl. Hartkäse); mild bis würzig-scharf
- Greyerzer (Schweizer Hartkäse); sehr würzig
- Doppelrahm-Frischkäse; sehr mild
- Provolone (ital. Schnittkäse); mild bis pikant
- Cantal (franz. Halb-

hart-Käse); kräftig im Geschmack

- Mozzarella (ital. Weichkäse); sehr mild
- Parmesan (ital. Hartkäse); sehr pikant

Vorsicht: überlagerter Hartkäse oder alter Parmesan kann unter Hitzeeinwirkung einen unangenehmen Geruch entwickeln. Der Käse darf auch nicht zu stark bräunen, sonst schmeckt er bitter. Eine goldbraune Färbung ist optimal, daher darf die Backofentemperatur nicht zu hoch sein.

Kräuter

Bevorzugen Sie so oft als möglich frische Kräuter, da sie intensiver sind als die getrocknete Ware. Neben Petersilie, Oregano, Majoran, Basilikum lassen sich auch Schnittlauch sowie Zitronenmelisse bestens einsetzen.

Gemüse

Möchten Sie ein Gericht mit Gemüse zubereiten, so sind die Zutaten entweder roh oder nur kurz angedünstet bzw. blanchiert am besten verwendbar. Im Backofen findet erst der Garprozess statt, der zu weich vorgegartes Gemüse endgültig zerfallen lässt.

Fleisch oder Wurst

Möchten Sie diverse Fleischsorten, geräucherten Schinken bzw. Speck oder feingewürzte Wurstsorten einsetzen, so achten Sie darauf, dass die Produkte stets sehr frisch sind.

Milch, Milchprodukte

Wie alle anderen Zutaten, sollten auch Milch, Sahne oder Crème fraîche nicht abgelagert sein. Da für Aufläufe und Gratins häufig Butter eingesetzt wird, können auch Magermilchprodukte wie Quark mit 20 %igem Fettanteil oder fettarme Milch Verwendung finden.

Eier

Für viele Rezepte dieses Buches werden Eier benötigt. Wichtig ist, dass diese keinesfalls zu alt sind, sonst überträgt sich der ungute Geschmack auf das komplette Gericht. Sind Sie nicht sicher, so machen Sie einfach eine Probe: legen Sie das Ei in ein großes Glas mit Wasser. Bleibt es eher am Boden, so ist es noch frisch. Steigt es jedoch hoch, dann sollten Sie es nicht mehr verwenden.

Die richtige Backofen-Einstellung

Die Rezeptangaben dieses Buches sind auf Backöfen ausgerichtet, die mit Ober- und Unterhitze ausgestattet sind. Möchten Sie das jeweilige Gericht lieber mit Heißluft zubereiten, so stellen Sie bei Temperaturen unter 200 °C ca. 20 °C niedriger ein. Liegt die im Rezept angegebene Temperatur über 200 °C, so wählen Sie eine um ca. 30 °C geringere Heißlufttemperatur. Hierzu folgende Beispiele:

Backofen mit Ober- und Unterhitze	Backofen mit Heißluft	Gas-Backofen
170-190 °C	150-170 °C	Stufe 1-2
180-200 °C	160-180 °C	Stufe 2-3
200-220 °C	170-190 °C	Stufe 3-4
220-250 °C	190-220 °C	Stufe 4-5

Bei allen angegebenen Werten handelt es sich jedoch um Richtwerte, die je nach Ausführung Ihres Backofens auch abweichen können. Bitte vergleichen Sie daher die Angaben mit denjenigen in Ihrer Gebrauchsanweisung. Gleiches gilt für die Backzeiten.

Alle Formen werden auf die Mitte des Rostes gestellt. Bei Aufläufen oder Gratins aus rohen Zutaten bzw. Quiches oder Tartes geben Sie den Rost mit der Form in das untere Drittel des Backofens. Aufläufe bzw. Gratins, die aus bereits vorgegarten Zutaten bereitet werden, setzt man am besten in die Mitte ein.

Einzelne Rezepte empfehlen ein Nachbräunen mit dem Grill. Bitte beobachten Sie dann das Gericht, damit die Oberseite nicht zu dunkel wird. Ein Vorheizen des Backofens ist in der Regel nicht erforderlich, ausgenommen bei Aufläufen, die viele Eier (oder Eischnee) enthalten. Im bereits heißen Backofen schließt sich die Oberfläche dann schneller und lässt die „treibenden" Gase nicht entweichen.

Makkaroni-Hackfleischauflauf

250 g Makkaroni	1/2 TL Salz, weißer Pfeffer
Salz, etwas Öl	edelsüßes Paprikapulver
400 g Tomaten	1/2 EL geh. Majoran
150 g Zwiebeln	2 EL Tomatenmark
1-2 Knoblauchzehen	1/8 l kräftiger Rotwein
80 g durchwachsener Speck in Würfeln	1/8 l Fleischbrühe
150 g frische Champignons	1 Prise Zucker
2-3 EL Öl	Butter für die Form
250 g Rinderhackfleisch	100 g ger. Emmentaler oder Chester-Käse (mildwürziger, engl. Hartkäse)

● Die Makkaroni in reichlich, gesalzenem Wasser mit etwas Öl „al dente" (bissfest) kochen, abgießen und abtropfen lassen.

● Die Tomaten heiß überbrühen, häuten, den grünen Stielansatz entfernen und in Würfel schneiden.

● Zwiebeln sowie Knoblauchzehen schälen und fein hacken. Den Speck bereitstellen.

● Die Champignons putzen, gründlich waschen und gut abtropfen lassen.

● Das Öl in einer großen Pfanne erhitzen, Zwiebeln mit Knoblauch andünsten, das Hackfleisch dazugeben und kräftig anbraten, beiseite schieben, die Speckwürfel zum Rösten dazugeben und zuletzt Champignons sowie Tomaten mitdünsten. Rotwein mit Fleischbrühe angießen, Tomatenmark einrühren und die Mischung auf niedriger Stufe ca. 15 Minuten lang köcheln lassen. Kräftig würzen.

● Eine größere, hohe Auflaufform einfetten. Zuerst eine Lage Makkaroni einschichten, dann die abgetropfte Fleischmasse darauf geben und mit den restlichen Makkaroni abdecken.

● Die Oberseite mit Käse bestreuen und den Auflauf

bei 180-200 °C im unteren Drittel des Backofens in ca. 40 Minuten zubereiten. Zuletzt für kurze Zeit den Grill einschalten, damit eine kräftige Kruste entsteht.

Beilagen: Grüner Salat mit saurer Sahne sowie Kräutern und ein kräftiger Rotwein, z. B. ein italienischer Merlot.

Einfacher Käse-Schinken-Auflauf

8 Scheiben Toastbrot	3 Eier
200 g mittelalter Gouda	1/2 l Milch
150 g gekochter Schinken	Salz, weißer Pfeffer
350 g frische Champignons	frisch geriebener Muskat
Butter für die Form	30 g Butter

- Toastbrot, Käse und Schinken in Würfel schneiden. Die Champignons putzen, waschen und in feine Scheiben schneiden.
- Eine halbhohe Auflaufform einfetten, die vorbereiteten Zutaten hineingeben und gut vermischen.
- Eier mit Milch sowie Gewürzen gut verquirlen. Dazu am einfachsten den Elektroquirl mit Schlägern einsetzen. Über die Zutaten in die Form gießen und einige Minuten lang durchziehen lassen. Umrühren. Butterflöckchen aufsetzen.
- Bei 180-200 °C im unteren Drittel des Backofens in ca. 40-50 Minuten goldbraun backen.

Beilagen: Gemischter Salat mit einer Kräuter-Knoblauch-Sauce und ein halbtrockener Weißwein.

Toastauflauf

600 g tiefgefrorener Blattspinat	
2 Eier, etwas Sahne	
1 Knoblauchzehe	
Salz, weißer Pfeffer	
12 Scheiben Toastbrot	
500 g Tomaten	
400 g Fleischwurst in dicken Scheiben	
300 g Tilsiter	
Kräuter der Provence	
Butter für die Form	

● Den Blattspinat auftauen, abtropfen lassen. In einer Rührschüssel Eier mit Sahne verquirlen, mit geschältem, gepresstem Knoblauch sowie Salz und Pfeffer würzen.

● Die Toastbrotscheiben goldbraun rösten. Die Tomaten waschen, heiß überbrühen, häuten und in dicke Scheiben schneiden.

● Eine größere, feuerfeste Auflaufform einfetten. Zunächst mit Toastbrot auslegen, darauf den Spinat geben, darüber die Wurstscheiben verteilen, Tomaten einschichten, mit Kräutern der Provence würzen und zuletzt mit Käse abdecken.

● Bei 180-200 °C im unteren Drittel des Backofens in ca. 40 Minuten zubereiten.

Beilage: Gemischter Salat

Chicorée-Schinken-Auflauf

4 große Chicoréestauden	2 TL Stärkemehl
gesalzenes Wasser	50 g ger. Emmentaler
einige Tropfen Zitronensaft	50 g ger. Parmesan
4 Scheiben gekochter Schinken	2 Eigelb
100 ml süße Sahne	Salz, weißer Pfeffer, Muskat
100 ml trockener Weißwein	Butter für die Form

● Den Chicorée von den äußeren Blättern befreien und die bitteren Innenteile mit einem spitzen Messer herausschneiden. Gründlich waschen, abtropfen lassen und in reichlich gesalzenem Wasser, dem einige Tropfen Zitronensaft zugegeben wurden, in 7-8 Minuten dünsten. Auf ein Sieb geben, abtropfen lassen und leicht abgekühlt mit je einer Scheibe Schinken umwickeln.

● Dicht nebeneinander in eine halbhohe, gefettete Auflaufform legen.

● Sahne, Wein, Stärkemehl, Käse, Eigelb und Gewürze gut verrühren. Gleichmäßig über das Gemüse verteilen und den Auflauf bei 200-220 °C auf der mittleren Schiene des Backofens in ca. 30-40 Minuten zubereiten.

Beilagen: Frisches Baguette oder Blätterteig-Käsestangen und ein trockener Weißwein.

Knuspriger Kartoffel-Auflauf

800 g Kartoffeln	1/4 l süße Sahne
2 größere Zwiebeln	3 Eiweiß
Salz, weißer Pfeffer	150 g ger. Käse (Emmentaler, holl. „Pikantje"-Gouda oder Chester)
frisch geriebene Muskatnuss	30 g Butterflöckchen
3 Eigelb	Butter für die Form
100 g Crème fraîche	

● Die Kartoffeln schälen, waschen, abtropfen lassen und grob reiben. Erneut waschen, abtropfen lassen und von Hand gut ausdrücken. In eine hohe Rührschüssel geben. Die Zwiebeln schälen und grob würfeln. Zu den Kartoffeln geben, kräftig würzen, Eigelb, Crème fraîche und Sahne hinzufügen. Alle Zutaten gleichmäßig verrühren.
● Eiweiß steif schlagen. Dazu am besten den Elektroquirl einsetzen. Mit der Hälfte des geriebenen Käses unter die Kartoffelmasse heben und sofort in eine größere, gefettete Auflaufform füllen. Butter-

flöckchen aufsetzen und den restlichen Käse darüber verteilen.

● Bei 180-200 °C im unteren Drittel des Backofens in 40-50 Minuten goldbraun zubereiten. Nach Belieben kurz unter dem Grill überkrusten.

Beilagen: Tomatensalat oder gedünstetes Gemüse wie Brokkoli, Grüner Spargel oder Fenchel und ein kühles Bier bzw. ein leichter französischer Landwein.

Tipps:
Dieser Auflauf lässt sich - je nach Größe der Form - auch beliebig füllen, z. B. mit frischem Gemüse (Spinat, klein geschnittene Paprika, Lauchringe) oder mit einer Hackfleisch-Tomatenmischung. Möchten Sie eine Füllung einsetzen, so geben Sie zunächst die Hälfte der Kartoffelmasse in die Form, darauf die Füllung und decken Sie diese dann mit der restlichen Kartoffelmasse ab.
Den gefüllten Auflauf bereiten Sie am besten bei 170-190 °C in ca. 60 Minuten zu.

Lauchauflauf

8 dickere Stangen Lauch (Porree)
ca. 1/2 l Salzwasser
8 dickere Scheiben geräucherter Speck
Butter für die Form

Sauce:
40 g Butter
40 g Mehl
1/2 l Milch
Salz, weißer Pfeffer, Muskat
1 Prise Cayennepfeffer
3-5 EL süße Sahne
30 g Butterflöckchen
60 g ger. Käse, z. B. Emmentaler oder Greyerzer
1 Fleischtomate
etwas frische Petersilie

● Den Lauch putzen, schlechte Teile und grüne Blattspitzen sowie den Wurzelansatz entfernen, dann in Größe der Auflaufform zurechtschneiden. Gründlich waschen, abtropfen lassen und für ca. 10 Minuten in Salzwasser dünsten. Auf ein Sieb

geben, ausdampfen lassen und jede Stange mit einer dünnen Speckscheibe umwickeln.

- Eine größere, rechteckige Auflaufform gleichmäßig mit Butter einfetten und die vorbereiteten Lauchstangen dicht nebeneinander einschichten.
- Aus Butter, Mehl, Milch, Gewürzen sowie Rahm eine Béchamelsauce, wie auf der Seite 77 beschrieben, zubereiten.
- Die Sauce über den Lauch in die Form gießen, Butterflöckchen aufsetzen und geriebenen Käse darüberstreuen.
- Den Auflauf bei 190-210 °C im unteren Drittel des Backofens in ca. 35-40 Minuten zubereiten. Mit Tomatenvierteln und frischer Petersilie garniert servieren.

Beilagen: Kartoffelpüree oder kleine Petersilienkartoffeln und ein kühles Bier.

Cannelloni al forno

(Überbackene Nudelrollen)

Tomatensauce:
2-3 EL Olivenöl

100 g geh. Zwiebeln

1/2 gepresste Knoblauchzehe

1 kleine Dose Tomaten

Salz, 1 Prise Zucker

Oregano nach Belieben

Béchamelsauce:
3 EL Butter

2 EL Mehl

1/8 l kalte Milch

Salz, Pfeffer, etwas Muskat

Füllung:
2 EL Öl

1/2 geh. Zwiebel

1 Knoblauchzehe

250-300 g mageres Rinderhackfleisch

200 g vorgekochter Blattspinat

Salz, Pfeffer

je 1/2 TL Oregano, Basilikum

1-2 Eier (je nach Größe)

2-3 EL Ricotta (ital. Frischkäse)

Teig:
300 g Mehl, 1 1/2 TL Salz

3 Eier, 3 EL Olivenöl

oder ca. 400 g vorgefertigte Cannelloni verwenden

zum Bestreuen:
3 EL ger. Parmesan

2-3 EL Butterflöckchen

● Für die Tomatensauce das Öl in einem größeren Topf erhitzen, Zwiebeln und Knoblauch darin andünsten. Die Tomaten abtropfen, zerkleinern und dazugeben. Mit Salz und Zucker würzen, Oregano nach Belieben dazugeben. Einmal kräftig aufkochen, dann bei milder Hitze etwa 45 Minuten lang eindampfen lassen, dabei gelegentlich umrühren und den aufgefangenen Tomatensaft angießen.

● Danach die Béchamelsauce vorbereiten. Hierzu die Butter erhitzen, das Mehl dazugeben und glatt rühren. Kalte Milch, Salz, Pfeffer und Muskat hinzugeben. Mit einem Schneebesen kräftig verrühren, aufkochen und unter ständigem Rühren bei milder Hitze ziehen lassen, bis die Sauce cremig ist.

● Für die Füllung das Öl in einer größeren Pfanne erhitzen, Zwiebel sowie Knoblauch schälen, fein hacken und darin andünsten. Das Hackfleisch dazugeben und bei starker

Hitze in einigen Minuten kräftig anbraten.
In eine Schüssel geben und ausdämpfen lassen.

- Den Spinat auspressen und fein hacken. Mit den Gewürzen, Eiern sowie dem zerbröselten Ricotta zum Fleisch geben und gut durchmischen.

- Aus den angegebenen Zutaten einen Nudelteig zubereiten und ca. 1 Stunde lang, in Folie gewickelt, an einem kühlen Ort ruhen lassen. Von Hand oder mit Hilfe einer Teigmaschine dünn ausrollen, dann in ca. 10 x 10 cm große Quadrate schneiden und nach kurzer Trocknungszeit in 4-5 Litern Salzwasser unter Zugabe von etwas Öl gar kochen.
Die Teigstücke abtropfen lassen, auf der Arbeitsfläche auslegen, die Fleischfüllung darauf verteilen und dabei ringsum einen Rand von ca. 1/2 cm freilassen, dann aufrollen.

- Vorgefertigte Cannelloni ohne Zugabe von Öl in etwa gleicher Zeit gar kochen, dann füllen.

- Den Backofen auf 200-220 °C vorheizen.

- In eine feuerfeste Auflaufform die Hälfte der Tomatensauce füllen, dann die Cannelloni mit der Naht nach unten einlegen und mit der Béchamelsauce überziehen. Zuletzt die restliche Tomatensauce darübergeben, dann mit Parmesan bestreuen und Butterflöckchen aufsetzen.

- Im heißen Backofen in 20-30 Minuten auf mittlerer Einschubhöhe backen, bis der Käse zerläuft und goldbraun wird.

Beilagen: Zu den Cannelloni servieren Sie am besten einen Tomatensalat mit Zwiebeln sowie frischem Basilikum und einen trockenen, roten Landwein.

Moussaka „Korfu“

(Griechischer Auberginenauflauf)

- 500 g Auberginen
- Salz, Butter für die Form
- 100 g ger. Emmentaler od. feinwürziger Bergkäse
- 3 größere Tomaten

Fleischfüllung:

- 300 g gemischtes Hackfleisch vom Lamm und Rind
- 2 Zwiebeln
- 2 Knoblauchzehen
- 2 cl Weinbrand
- 1 TL Salz, weißer Pfeffer
- 1 kräftige Prise Muskat
- 1/2 EL Oregano
- 2-3 EL Semmelbrösel
- 125 ml Crème fraîche

Guss:

- 3 Eier
- 150 ml Crème fraîche
- 1 Msp. Backpulver
- 2 TL Stärkemehl
- Salz, weißer Pfeffer

- Die Auberginen waschen und trocken reiben, die Stängelansätze abschneiden, dann die Früchte in ca. 1/2 cm dicke Scheiben schneiden. Mit Salz bestreuen und ca. 10 Minuten lang Wasser ziehen lassen. Abgießen, kurz kalt abspülen und mit Küchenpapier trockentupfen.

- Eine größere, halbhohe Auflaufform einfetten, mit den Auberginenscheiben auslegen und mit ca. 50 g Käse bestreuen.

- Die Tomaten mit heißem Wasser überbrühen, abziehen und in Scheiben schneiden.

- Für die Füllung das Hackfleisch mit geschälten, gewürfelten Zwiebeln und frisch gepresstem Knoblauch mischen. Weinbrand, Gewürze, Semmelbrösel und Crème fraîche dazugeben. Gut durchmischen, dann gleichmäßig über die Auberginen verteilen.

- Mit dem restlichen Käse bestreuen und die vorbereiteten Tomatenscheiben auflegen.

- Für den Guss alle Zutaten miteinander verrühren. Dazu am besten das elektrische Handrührgerät mit Schlägern einsetzen. Über die Tomaten in die Form gießen.

- Bei 170-190 °C im unteren Drittel des Backofens zubereiten. Heiß servieren.

Beilagen: Zur Moussaka passt am besten ein griechischer Bauernsalat aus Gurken, Tomaten, Kopfsalat, schwarzen oder braunen Oliven und gewürfeltem Schafskäse. Als Weinempfehlung eignet sich ein „Retsina“ (geharzter, griech. Weißwein) oder ein trockener, roter Landwein.

Tipps:
Der Auflauf bildet weniger Flüssigkeit, wenn Sie die Auberginenscheiben vor dem Einschichten in die Form erst von beiden Seiten in heißem Öl anbraten. Auch 1-2 rohe, in dünne Scheiben geschnittene Kartoffeln passen gut zur Gemüsemischung. Der Guss lässt sich mit frisch gepresstem Zitronensaft verfeinern.

Florentiner Nudelauflauf mit Käsekruste

- 1 Knoblauchzehe
- 2 Zwiebeln, 2 EL Butter
- 500 g frischer oder tiefgefrorener, gut abgetropfter Spinat
- 3 EL süße Sahne
- 250 g Tomaten
- 250 g vorgekochte Bandnudeln
- Salz, weißer Pfeffer
- frisch geriebener Muskat
- 2 Eier
- 200 ml saure Sahne
- etwas edelsüßer Paprika
- 80 g ger. Parmesan
- 4 EL Semmelbrösel
- 40 g Butter

● Knoblauchzehe sowie Zwiebeln schälen, fein hacken und in der Butter kurz andünsten. Frischen Spinat verlesen, waschen und gut abtropfen lassen. Tiefgefrorenen Spinat auftauen und abgießen. Den Spinat zusammen mit der Sahne zur Zwiebel-Knoblauchmischung geben und unter beständigem Wenden dünsten.

● Die Tomaten heiß überbrühen, häuten und würfeln. Zusammen mit den Nudeln zum Spinat geben, kräftig würzen und alle Zutaten gut durchmischen. Die Masse in eine größere, hohe und bereits gefettete Auflaufform füllen.

● Eier, Sahne und Paprikapulver verquirlen. Dazu am besten den Elektroquirl einsetzen. Über die Nudeln in die Form gießen.

● In einer kleinen Schüssel den Käse mit Semmelbröseln mischen und darüberstreuen. Butterflöckchen aufsetzen.

● Bei 180-200 °C im unteren Drittel des Backofens in ca. 50 Minuten goldbraun zubereiten.

Beilagen: Gemischter Salat und ein kühles Bier.

Gemüseauflauf mit Champignons

4 kleine Zucchini	4 Eier
300 g frische Champignons	frischer Basilikum
1 rote Paprikaschote	1 Knoblauchzehe
1/4 l Milch	100 g mittelalter Gouda
150 g Crème fraîche	Salz, weißer Pfeffer, Muskat
	Butter

● Die Zucchini gründlich waschen, die Stielenden entfernen und das Gemüse der Länge nach in 1/2 cm dicke Scheiben schneiden.

● Die Paprika putzen, waschen, trockenreiben, durchschneiden und von den Kernen sowie Rippen befreien. In dünne Streifen zerteilen.

● Die Champignons unter fließendem Wasser bürsten und gut abtropfen lassen. In dicke Scheiben schneiden.

● In einer Pfanne mit wenig Fett zuerst die Champignons andünsten, herausnehmen, dann die Zucchinischeiben leicht anschwitzen.

● Die Basilikumblätter in feine Streifen schneiden. Den Käse grob reiben.

● Milch, Crème fraîche, Eier und Gewürze verquirlen. Mit frisch gepresstem, geschältem Knoblauch würzen, dann den fein geschnittenen Basilikum unterrühren.

● Eine runde oder ovale Auflaufform einfetten. Abwechselnd und dekorativ die verschiedenen Gemüsesorten einschichten. Mit der Eiermilch überziehen.

● Zuletzt den Käse darüberstreuen und den Auflauf bei 200-220 °C in 30-40 Minuten zubereiten.

Beilagen: Kartoffelpüree oder kleine Petersilienkartoffeln, trockener Rotwein (z. B. Merlot)

Brokkoli-Salami-Auflauf

300 g Brokkoli, frisch oder tiefgefroren	Salz, weißer Pfeffer
Wasser	frisch geriebener Muskat, frischer Thymian
Butter für die Form	100 g ger. Gouda
100 g Salami	200 ml süße Sahne
200 g vorgekochte, grüne Bandnudeln	3 Eier
2 große Fleischtomaten	30 g Butter

● Den frischen Brokkoli kalt abspülen, große Stauden halbieren oder vierteln. Tiefgefrorenen Brokkoli aus der Packung nehmen. Das Gemüse mit Wasser auf der Kochstelle ca. 8-10 Minuten dünsten, dann abgießen und ggf. zerteilen.

● Eine rechteckige oder ovale, eher flache Auflaufform aus Glas oder Porzellan einfetten.

● Die Bandnudeln hineinlegen, darauf die in Streifen geschnittene Salami sowie den Brokkoli verteilen. Die Tomaten heiß überbrühen, häuten und in Scheiben schneiden. Ebenfalls auflegen.

● Mit Salz, Pfeffer, Muskat und Thymian würzen, den Käse darüberstreuen.

● Die Sahne mit den Eiern verquirlen. Dazu am besten den Elektroquirl mit Schlägern einsetzen. Über die Zutaten in der Form verteilen und Butterflöckchen aufsetzen.

● Bei 210-230 °C in ca. 30-40 Minuten goldbraun zubereiten.

Beilagen:
Grüner Salat und ein Weißwein mit milder Säure, z. B. Pinot Grigio.

Ramequins (Schweizer Brotauflauf)

- Butter für die Form
- 8 Scheiben Toastbrot oder Weißbrot
- 8 Scheiben schweizer Greyerzer-Käse (würziger Hartkäse)
- 1/8 l trockener Weißwein

Guss:
- 3 Eier
- 1/4 TL Salz
- 3/8 l Milch
- weißer Pfeffer, geriebener Muskat

● Eine größere, halbhohe Auflaufform mit Butter einfetten. Die Toastbrot- oder Weißbrotscheiben mit Käse belegen und schuppenförmig in die Form schichten. Mit dem Weißwein beträufeln.

● Für den Guss alle Zutaten gut verrühren und sehr gleichmäßig über die Brotscheiben in die Form gießen.

● Bei 200-220 °C im unteren Drittel des Backofens in ca. 30 Minuten goldbraun backen. Je nach Bräunungsgrad ggf. noch kurz übergrillen.

Variation:
Gekochten Schinken auf die Brotscheiben legen und den Auflauf mit reichlich frisch gehacktem Schnittlauch bestreuen.

Köstlicher Himbeerauflauf

300 g frische oder tiefgefrorene Himbeeren	1/8 l Milch
80 g Zucker	1/8 l süße Sahne
5 cl Himbeergeist	3 Eier
50 g Butter	1 TL Zitronensaft
30-40 g Mehl	Butter für die Form

● Frische Himbeeren verlesen, kurz kalt abspülen, abtropfen lassen und mit ca. 25 g Zucker bestreuen. Tiefgefrorene Früchte auftauen lassen und ebenfalls zuckern. Himbeergeist über das jeweilige Obst verteilen.

● Die Butter in einem mittleren Topf schmelzen, das Mehl dazuschütten und hellbraun anschwitzen.

● Von der Kochstelle nehmen, Milch sowie Sahne langsam einrühren und nochmals langsam köchelnd erhitzen. Den restlichen Zucker hinzufügen und beständig umrühren.

● Die Eier trennen. Die Sauce mit Eigelb legieren. Eiweiß mit Zitronensaft steif schlagen. Zusammen mit den Himbeeren unter die Milchcreme ziehen.

● Den Backofen auf 170-190 °C vorheizen.

● Eine runde oder ovale, möglichst hohe Auflaufform einfetten und die Masse einfüllen. In 35-45 Minuten im unteren Drittel des Backofens backen und lauwarm servieren.

Tipp:
Zum Himbeerauflauf passt eine kräftige Rotweinsauce.

Variation:
Anstelle der Himbeeren können Sie für diesen Auflauf auch Kirschen oder Brombeeren verwenden.

Grießauflauf mit Brombeeren

250 g Brombeeren	100 g Hartweizengrieß
60 g Zucker	1 Prise Salz, 3 Eier
2 cl Mirabellengeist	1 TL Zitronensaft
1/2 l Milch	40 g Butter
1/2 Vanilleschote	1 EL gem. Mandeln

● Die Brombeeren kurz kalt abspülen und gut abtropfen lassen. Mit 2 EL Zucker vermischt, beiseite stellen. Nach ca. 15 Minuten den Mirabellengeist darübergießen.

● Die Milch mit der aufgeschnittenen Vanilleschote

sowie dem ausgeschabten Mark in einen passenden Topf geben und langsam erhitzen. Die Schote herausnehmen. In die kochende Milch den Grieß einrieseln lassen, mit dem restlichen Zucker und Salz würzen. Bei schwacher Hitze etwa 5 Minuten quellen lassen. Von der Kochstelle nehmen.

- Die Eier trennen, die Eigelbe mit etwas Grießmasse verrühren und den Brei damit legieren, dann zum Abkühlen beiseite stellen.

- Das Eiweiß unter Zugabe von Zitronensaft steif schlagen und unter die Grießmasse heben.

- Eine größere, feuerfeste Form mit Butter einfetten und mit Mandeln ausstreuen. Den Backofen auf 210-230 °C vorheizen.

- Etwa die Hälfte der Grießmasse einfüllen, die Brombeeren darauf geben und mit der restlichen Masse bedecken. Restliche Butter in Flöckchen darauf verteilen. Im heißen Backofen ca. 15-20 Minuten goldbraun überkrusten.

Körniger Haferflockenauflauf

250 g säuerliche Äpfel (z. B. Braeburn oder Delicious)	1/8 l Milch
75 g weiche Butter	125 g Vollkorn-Haferflocken
100 g Zucker	25 g Stärkemehl
abgeriebene Schale 1 unbehandelten Zitrone	1 TL Backpulver
3 Eigelb	3 Eiweiß, 1 TL Zitronensaft
	1 weiterer Apfel

- Die Äpfel schälen, vierteln, vom Kerngehäuse befreien und in kleine Stücke schneiden.
- Eine größere, halbhohe Auflaufform anfetten. Die restliche Butter mit dem Zucker sehr schaumig rühren. Hierzu am besten den Elektroquirl mit Schlägern einsetzen. Abgeriebene Zitrone, Eigelb, Milch, Haferflocken, Stärkemehl sowie Backpulver dazugeben und miteinander verrühren.

● Die Eiweiße unter Zugabe von Zitronensaft sehr steif schlagen und zusammen mit den Äpfeln unter den Teig ziehen. In die Form geben und glatt streichen.

● Den weiteren Apfel schälen, das Kernhaus mit Hilfe eines Apfelausstechers herauslösen, in Ringe schneiden und auf die Auflaufmasse legen.

● Bei 180-200 °C im unteren Drittel des Backofens in ca. 50-60 Minuten goldbraun backen. Lauwarm servieren.

Beilage: Schokoladensauce, das passende Rezept finden Sie auf der Seite 78.

Rhabarber-Auflauf mit Mandelhaube

500 g Rhabarber	3 Eigelb
125 g Zucker	2 Pa Vanillezucker
2 EL Himbeersirup	1/8 l süße Sahne
Butter für die Form	3 Eiweiß
8-10 Zwiebäcke oder	50 g Zucker
150 g Löffelbiskuits	50 g gemahlene Mandeln

● Den Rhabarber abziehen und in ca. 2 cm lange Stücke schneiden, dicke Stangen längs halbieren. Mit Zucker sowie Himbeersirup vermischen und einige Zeit stehen lassen, bis der Rhabarber Saft gezogen hat. In einen größeren Kochtopf geben und ca. 10 Minuten dünsten.

● Eine hohe, längliche Auflaufform mit Zwieback oder Löffelbiskuits auslegen.

● Eigelb mit Vanillezucker und Sahne verrühren. Dazu den Elektroquirl mit Schlägern einsetzen. Die Masse in die Form gießen. Den Rhabarber daraufgeben.

● Eiweiß mit Zucker schnittfest schlagen, zuletzt gemahlene Mandeln unterheben und auf dem Rhabarber verteilen.

● Bei 170-190 °C im unteren Drittel des Backofens in ca. 40 Minuten zubereiten.

Reis-Auflauf mit Sauerkirschen

- 1/2 l Milch
- 2 TL abgeriebene Zitronenschale (unbehandelte Frucht)
- 1 Prise Salz
- 125 g Milchreis
- 3 Eigelb
- 50 g Zucker
- 1 EL Rum
- 3 Eiweiß
- 1 TL Zitronensaft
- 300 g abgetropfte Kirschen
- 2 EL gehackte Mandeln
- 30 g Butterflöckchen
- Butter und Semmelbrösel für die Form
- Puderzucker zum Bestreuen

● Die Milch mit Zitronenschale und Salz zum Kochen bringen, den Reis dazugeben und auf niedriger Stufe ca. 20 Minuten ausquellen lassen, dabei gelegentlich umrühren. Den Reis von der Kochstelle nehmen und zum Abkühlen beiseite stellen.

● Eigelb mit Zucker sowie Rum schaumig rühren. Eiweiß unter Zugabe von Zitronensaft zu steifem Schnee schlagen.

● Die Eigelbcreme unter den abgekühlten Reis mischen, dann den Eischnee locker unterheben.

● Eine größere, halbhohe Auflaufform gut einfetten und mit Semmelbröseln ausstreuen. Die Hälfte der Reismasse einfüllen, die Kirschen daraufgeben und mit der restlichen Masse bedecken.

● Mit gehackten Mandeln bestreuen und Butterflöckchen aufsetzen.

● Bei 180-200 °C im unteren Drittel des Backofens in 40-50 Minuten zubereiten.

● Lauwarm servieren und kurz vorher mit reichlich Puderzucker bestreuen.

Beilage: Obstkompott oder eine Fruchtsauce.

Quarkauflauf mit Aprikosen

Butter für die Form
1 große Dose Aprikosen (450 g Abtropfgewicht)
4 Eiweiß, 1 TL Zitronensaft
50 g Zucker
4 Eigelb
1 Pa Vanillezucker
80 g weiche Butter
1 Prise Salz
500 g Magerquark
1 TL Zitronensaft
abgeriebene Schale 1/2 unbehandelten Zitrone
1 Pa Vanille-Puddingpulver
2 EL Grieß
50 g gem. Mandeln
1 TL Backpulver
20 g Butterflöckchen

● Eine größere, halbhohe Auflaufform mit Butter einfetten. Die Aprikosen gut abtropfen lassen und den Boden der Form damit auslegen.

● Eiweiß in eine Rührschüssel geben, halbsteif schlagen, Zucker sowie Zitronensaft unter weiterem Schlagen dazugeben, bis die Masse steif und glänzend ist.

● Eigelb, Vanillezucker, Butter und Salz in einer zweiten Rührschüssel sehr schaumig rühren. Alle restlichen Zutaten mit Ausnahme der Butterflöckchen hinzugeben und weiterrühren, bis die Masse schön cremig ist. Den Eischnee unterziehen.

● Den Teig über die

Früchte in die Form gießen, glatt streichen und die Butterflöckchen aufsetzen.

- Bei 170-190 °C im unteren Drittel des Backofens in ca. 50 Minuten zubereiten und nach Belieben zuletzt 1-2 Minuten übergrillen.

- Lauwarm servieren.

Tipps:

Wählen Sie eine ausreichend große Form, da der Auflauf noch etwas aufgeht. Zwischen der Masse und dem oberen Formenrand sollten daher mindestens 3 cm frei bleiben. Nach Belieben können Sie zusätzlich 70-80 g gewaschene, gut abgetropfte Rosinen unter den Quark mischen. Alternativ zu den Aprikosen eignen sich auch Pfirsiche, die am besten in Spalten geschnitten werden oder frische Äpfel.

„Kartäuser-Auflauf"

(Semmel (Brot)-Auflauf)

8 altbackene Semmeln (Brötchen)	2 EL Rum
1/2 l lauwarme Milch	1 Prise Salz
Butter für die Form	abgeriebene Schale 1 unbehandelten Zitrone
50 g weiche Butter	80 g Rosinen
100 g Zucker	30 g gem. Mandeln
4 Eier, getrennt	30 g Butterflöckchen

- Die Semmeln feinblättrig aufschneiden, in eine Schüssel geben, mit Milch übergießen und unter gelegentlichem Umrühren ca. 30 Minuten durchziehen lassen.
- Eine größere, hohe Auflaufform einfetten.
- Butter, Zucker und Eigelb sehr schaumig rühren; Rum, Salz, Zitronenschale, gewaschene und gut abgetropfte Rosinen sowie gemahlene Mandeln untermischen. Eiweiß zu steifem Schnee schlagen und vorsichtig unterheben.
- Die Mischung in die vorbereitete Auflaufform füllen, mit Butterflöckchen belegen und bei 180-200 °C im unteren Drittel des Backofens in ca. 40 Minuten goldbraun backen.

Beilagen: Obstkompott, diverse Saucen, z. B. Frucht- oder Weinschaumsauce; das passende Rezept finden Sie auf der Seite 78.

Variationen:
Für einen „Scheiterhaufen" geben Sie noch ca. 750 g blättrig geschnittene, mildsaure Äpfel unter die Semmelmasse. Möchten Sie einen „Kirschenmichel" zubereiten, so benötigen Sie ca. 500 g entsteinte Früchte (frisch oder aus dem Glas), die ebenfalls nur noch untergemischt werden.

„Clafoutis"
(Französischer Kirschauflauf)

Butter für die Form	1 Prise Salz
1 Glas Sauerkirschen (ca. 300 g Abtropfgewicht)	1 Pa Bourbon-Vanille-zucker
100 g Marzipan	1/4 l Milch
60 g Zucker	etwas abgeriebene Schale 1 unbehandelten Zitrone
4 Eier	Puderzucker zum Bestreuen
100 g Mehl	

- Eine längliche, möglichst ovale, halbhohe Auflaufform einfetten und die abgetropften Kirschen darin verteilen.

- Das Marzipan in sehr kleine Stücke schneiden, zusammen mit dem Zucker und einem Ei in eine Rührschüssel geben und so lange verrühren, bis die Masse geschmeidig ist. Alle anderen Zutaten hinzufügen und weiterrühren.

- Den Backofen auf 170-190 °C vorheizen.

- Den Teig gleichmäßig über die Kirschen in die Form geben und sofort in das untere Drittel des heißen Backofens stellen. Ca. 40-45 Minuten backen. Gegen Ende der Zeit mit einem Holzstäbchen prüfen, ob die Masse gar ist. Klebt kein Teig an, den Auflauf herausnehmen, kurz ausdampfen lassen und mit reichlich Puderzucker bestreut servieren.

Tipps:
Den anfallenden Kirschsaft können Sie mit etwas Stärkemehl glatt rühren, einmal aufkochen und mit einigen Tropfen Kirschlikör verfeinern. So entsteht eine einfache Fruchtsauce, die gut zum Auflauf passt. Köstlich schmeckt auch eine „Schokosahne" dazu (geschlagene, süße Sahne mit 2-3 EL Schokoladenraspeln vermischt).

Klassischer Quarkauflauf mit Rosinen

200 g Rosinen	2 EL Grieß
5-6 EL Calvados oder Rum	1 Prise Salz
60 g weiche Butter	500 g Magerquark (20 % Fettgehalt)
60 g Zucker	3 Eiweiß
3 Eier	Butter für die Form
1 Pa Vanille-Puddingpulver	1 EL Rosinen
abgeriebene Schale 1 unbehandelten Zitrone	40 g geröstete Mandelblättchen

● Die Rosinen heiß waschen, abtropfen lassen und mit Calvados oder Rum in einen Topf geben. Auf der Kochstelle kurz erhitzen, umrühren und beiseite stellen.

● Weiche Butter in eine Rührschüssel geben, Zucker, Eier, Puddingpulver, Zitronenschale, Grieß, Salz und Quark hinzugeben. Alle Zutaten mit dem Elektroquirl zu einer geschmeidigen Masse verrühren. Zuletzt steif geschlagenes Eiweiß unterziehen.

● Eine größere, rechteckige Auflaufform einfetten, die Rosinen mit etwas Flüssigkeit in der Form verteilen und mit der Quarkmasse überziehen.

● Bei ca. 200-220 °C im unteren Drittel des Backofens in ca. 30-40 Minuten zubereiten. Dabei aufpassen, dass die Oberfläche nicht zu dunkel wird und ggf. in den letzten 10 Minuten mit Alufolie abdecken.

● Mit Rosinen und gerösteten Mandelblättchen garniert, noch warm servieren.

Beilage: Eine Fruchtsauce (s. S. 78) und kleine Mandelmakronen.

Salzburger Nockerln mit Cassis-Sauce

Nockerln:

40 g Butter

1/8 l süße Sahne

1 Pa Vanillezucker

4 Eigelb

60 g Zucker

2 EL trockener Weißwein

40 g Mehl

1 Prise Salz

8 Eiweiß, Zitronensaft

Puderzucker zum Bestäuben

Sauce:

5 EL Brombeergelee

1/8 l trockener Rotwein

1 EL Honig

1/2 Pa Vanillezucker

● Den Backofen auf 200-220 °C vorheizen.

● Butter, Sahne und Vanillezucker in einen Topf geben und auf der Kochstelle kurz aufkochen lassen. Dabei mit einem Schneebesen kräftig durchrühren. Beiseite stellen.

● Eigelb mit Zucker sehr schaumig rühren, Weißwein, gesiebtes Mehl sowie Salz dazugeben und weiterrühren, bis die Masse sehr cremig ist. Eiweiß unter Zugabe von einigen Tropfen Zitronensaft zu steifem Schnee schlagen und rasch unter die Eigelbmasse ziehen.

● Eine größere, feuerfeste Auflaufform zunächst mit der Sahnesauce füllen, die Schneemasse daraufge-

ben und dabei hügelige „Nockerln“ formen.

- Sofort in das untere Drittel des Backofens einsetzen und ca. 14-17 Minuten backen lassen.
- Inzwischen das Brombeergelee mit Rotwein, Honig sowie Vanillezucker aufkochen. Gut durchrühren.
- Die Nockerln auf Desserttellern anrichten, mit reichlich Puderzucker bestäuben und mit der Cassis-Sauce umgießen. Sofort servieren.

Tipps:
Wichtig ist, dass der Backofen ausreichend lang vorgeheizt wurde, damit dieser eischneehaltige Auflauf schnell zubereitet wird. Während des Backens nicht öffnen, sonst fallen die Nockerln zusammen.

Saftiger Mirabellen-Mandelauflauf

800 g vollreife Mirabellen	125 g gemahlene Mandeln
5 Eier, 40 g Zucker	2 EL feiner Grieß
1/2 Vanilleschote	2 Tropfen Mandelöl
1 Prise Salz	Butter und gemahlene Mandeln für die Form
2 EL Zitronensaft	Puderzucker zum Bestäuben
abgeriebene Schale einer unbehandelten Zitrone	

- Die reifen Mirabellen sortieren, gründlich unter kaltem Wasser waschen und gut abtropfen lassen. Mit Hilfe eines Küchentuches trockenreiben und entkernen.

- Alle Zutaten bereitstellen. Zuerst die Eier sorgfältig trennen. Eigelbe mit Zucker mit dem Elektroquirl so lange schaumig schlagen, bis der Zucker gut aufgelöst ist und eine sehr cremige Masse entsteht. Dies kann, je nach Leistungsstärke des Quirls, bis zu 10 Minuten dauern. Dann erst die halbierte Vanilleschote der Länge nach einritzen, ausschaben und das Mark zum geschlagenen Eigelb geben.

- In einer zweiten Rührschüssel Eiweiß mit Salz halbsteif schlagen, Zitronensaft einlaufen lassen und weiterschlagen, bis der Schnee eine sehr feste Konsistenz hat. Gemahlene Mandeln, Grieß sowie Mandelöl vorsichtig unterheben. Diese Mischung auf die Eigelbmasse geben und locker unterziehen.

- Eine halbhohe Auflaufform gleichmäßig einfetten und mit Mandeln ausstreuen. Den Backofen auf 200-220 °C vorheizen.

- Die Hälfte der Eimischung in die Form einfüllen, die Früchte darauf verteilen und mit der restlichen Masse abdecken. Den so vorbereiteten Auflauf sofort in das untere Drittel des heißen Backofens stellen und in 25-30 Minuten

goldgelb backen. Nach ca. 15 Minuten die Bräunung kontrollieren und die Temperatur eventuell verändern. Noch lauwarm, mit reichlich Puderzucker bestreut, servieren.

Tipps:

Neben Mirabellen eignen sich auch Stachelbeeren oder Aprikosen für diesen Auflauf. Anstelle von Grieß lässt sich auch gesiebtes Mehl verwenden.

Als Ergänzung können Sie halbsteif geschlagene Sahne, mit einigen Tropfen Eier- oder Mandellikör versetzt, dazu reichen oder Sie servieren das Gericht zusammen mit einer selbstgemachten Schokoladensauce.

Gratiniert Lachs-Spinat-Nudeln

- 500 g Lachsfilet
- 4-6 EL Sojasauce (z. B. von Kikkoman)
- 1 Knoblauchzehe
- 400 g Bandnudeln
- 400 g tiefgefrorener Blattspinat
- 2-3 EL Butter
- 4-5 EL süße Sahne
- 1 Pa Mozzarella-Käse
- Salz, weißer Pfeffer
- frisch geriebener Muskat
- Butter für die Form

Béchamelsauce:
- 60 g Butter
- 70 g Mehl, 1 l Milch
- Salz, Pfeffer, Muskat

● Das Lachsfilet kurz kalt abspülen und mit Küchenpapier trockentupfen. In dünne Scheiben schneiden und mit der Soja-Sauce sowie geschältem, gepresstem Knoblauch etwa 1 Stunde lang marinieren lassen.

● Inzwischen die Bandnudeln in reichlich gesalzenem Wasser bissfest kochen, abgießen.

● Butter in einem mittleren Topf schmelzen, den Blattspinat dazugeben, mit Sahne beträufeln und bei milder Hitze langsam, unter gelegentlichem Wenden, auftauen lassen. Mit Salz, Pfeffer sowie Muskat abschmecken.

● Aus den angegebenen Zutaten, wie auf der Seite 77 beschrieben, eine Béchamelsauce zubereiten.

● Eine größere, höhere Auflaufform mit Butter

einfetten. Mit Spinat auslegen, darauf etwas Béchamelsauce verteilen, dann die Lachsscheiben hinzufügen und erneut mit etwas Sauce überziehen. Mit den Nudeln bedecken, die restliche Sauce darauf verteilen und zuletzt den fein geschnittenen Mozzarella-Käse auflegen.

● Bei ca. 230 °C in der Mitte des Backofens in etwa 30-40 Minuten goldbraun gratinieren. 10 Minuten vor Ablauf der Zeit die Bräunung überprüfen und den Backofen ggf. höher oder niedriger einstellen.

Beilagen: Frisée- und Eichblattsalat mit Kräutersahne und ein frischer „Grüner" Wein z. B. „Vinho Verde" aus Portugal.

Gratin „dauphinois"

(Klassisches Kartoffelgratin)

1 Knoblauchzehe	weißer Pfeffer
Butter für die Form	100 g geriebener Emmentaler
1 kg mehlig festkochende Kartoffeln	200 ml süße Sahne
Salz	30 g Butter

● Die Knoblauchzehe schälen, halbieren und eine größere, halbhohe Auflaufform damit ausreiben, dann einfetten.

● Die Kartoffeln schälen, in dünne, gleichmäßige Scheiben schneiden und waschen. Sehr gut abtropfen lassen.

● Eine Hälfte in die Form geben, würzen und mit etwa 50 g Käse bestreuen. Die zweite Hälfte einfüllen, den restlichen Käse aufstreuen, nochmals würzen, mit Sahne übergießen und Butterflöckchen aufsetzen.

● Bei 200-220 °C in 50-60 Minuten zubereiten. Nach Belieben noch einige Minuten unter dem heißen Grill überkrusten.

Beilagen: Tomatensalat mit Frühlingszwiebeln.

Variation:
Krabben-Kartoffelgratin - geben Sie auf die eingeschichteten Kartoffeln ca. 375 g gewaschene, gut abgetropfte, frische Krabben.

Fenchel mit Gorgonzolahaube

2 größere Fenchelknollen	200 g Gorgonzola
Wasser, trockener Weißwein	1 Ei
etwas Salz	125 ml süße Sahne
Butter für die Form	Salz, weißer Pfeffer
100 g gekochter Schinken	etwas Thymian

● Von den Fenchelknollen die grünen Stängel abschneiden, die Knollen säubern, in Scheiben schneiden und gründlich waschen.

● In einem größeren Topf Wasser mit Weißwein und Salz aufkochen, den Fenchel hineingeben und bei milder Hitze ca. 10 Minuten garen lassen.

● Eine mittelgroße, halbhohe Auflaufform einfetten. Mit den abgetropften und ausgedampften Fenchelscheiben auslegen. Klein geschnittenen Schinken darüberstreuen. Den Gorgonzola mit einer Gabel zerdrücken und mit Ei, Sahne, sowie Gewürzen gut verrühren. Über den Schinken in die Form geben.

● Den Backofen auf 220-230 °C vorheizen und den Fenchel auf der mittleren Schiene in ca. 20 Minuten goldbraun überbacken.

Beilage: Blätterteig-Käsestangen

Tipp:
Dieses Gratin können Sie als Vorspeise servieren. Reichen Sie dann ein salziges Gebäck dazu. Es eignet sich aber auch als Beilage zu gegrilltem, oder gebratenem Fleisch.

Zucchini-Kartoffel-Gratin (Foto)

800 g mehlig-festkochende Kartoffeln	1 Knoblauchzehe
400 g Zucchini	etwa 1/4 l süße Sahne
Butter für die Form	40 g Butter
Salz	50-60 g ger. Emmentaler
weißer Pfeffer	30 g geröstete Sonnenblumenkerne

● Eine größere, halbhohe Auflaufform bereitstellen.
● Die Kartoffeln schälen, waschen und gut abtropfen lassen. Die Zucchini ebenfalls waschen, trockenreiben und den Stielansatz wegschneiden. Beide Gemüsesorten in dünne Scheiben schneiden.
● Die geschälte Knoblauchzehe durchschneiden, die Form damit ausreiben, dann einfetten.
● Kartoffel- und Zucchinischeiben abwechselnd einschichten und jede Lage würzen.
● Mit Sahne übergießen. Butterflöckchen aufsetzen und Käse darüberstreuen.
● Bei 200-220 °C in 50-60 Minuten garen. In den letzten Minuten nach Belieben mit dem Grill überkrusten.
● Kurz vor dem Servieren mit gerösteten Sonnenblumenkernen bestreuen.

Beilagen: Friséesalat mit Knoblauch, angemacht mit Essig und Nussöl; dazu ein halbtrockener Weißwein.

Tipp:
Das Zucchini-Kartoffel-Gratin eignet sich, in Verbindung mit einem Salat, als Hauptgericht. Möchten Sie das Gratin als Beilage servieren, so reicht die Menge für ca. 6 Portionen.

Möhren-Kartoffel-Gratin

300 g Möhren	Salz, weiße Pfeffer
600 g mehlig-festkochende Kartoffeln	frisch geriebener Muskat
Butter für die Form, 4 Eier	100 g italienischer Provolone (milder Schnittkäse)
150 ml süße Sahne	30 g Butter

● Möhren und Kartoffeln schälen, in feine Scheiben schneiden und waschen. In einem größeren Topf unter Zugabe von wenig Wasser ca. 10 Minuten garen, dann abgießen und in eine halbhohe, gefettete Gratinform einschichten.

● Eier, Sahne und Gewürze mit dem Elektroquirl verrühren. Über die Gemüsezutaten in die Form gießen. Mit Käse belegen und Butterflöckchen aufsetzen.

● Bei 210-230 °C in der Mitte des Backofens ca. 25-35 Minuten gratinieren.

Tipps:
Das Möhren-Kartoffel-Gratin können Sie als Beilage zu gebratenem Fleisch oder, in Kombination mit einem bunt gemischten Salat, auch als Hauptgericht servieren. Anstelle der Möhren lassen sich auch Kohlrabischeiben verwenden. Die Garzeiten bleiben gleich.

Fischgratin

4 Scheiben Fischfilet z. B. Schellfisch oder Heilbutt (ca. 600-800 g)
Saft 1/2 Zitrone, Salz
2 Stangen Lauch (Porree)
1 Zwiebel, 1 EL Butter
4 feste Tomaten
Butter für die Form

Gratinsauce:
200 ml süße Sahne
125 ml Milch
2 gehäufte EL Stärkemehl
Salz, 1 Prise Zucker
1 TL mittelscharfer Dijon-Senf
100 g geriebener Käse, z. B. Emmentaler oder Gouda
30 g Butter
1 EL geh. Schnittlauch

● Die Fischfilets kurz kalt abspülen und mit Küchenpapier trockentupfen. Auf einen Teller geben, mit Zitronensaft beträufeln und salzen. Durchziehen lassen.

● Den Lauch putzen, in längliche Stücke schneiden, gründlich waschen und gut abtropfen lassen, dann zusammen mit der geschälten, gehackten Zwiebel in heißer Butter andünsten.

● Die Lauch-Zwiebelmischung abwechselnd mit den gewaschenen, in dicke Scheiben geschnittenen Tomaten in eine längliche, halbhohe und gefettete Auflaufform einschichten. Die Fischstücke darauf legen.

- Den Backofen auf 210-230 °C vorheizen.
- Für die Gratinsauce Sahne mit Milch, Stärkemehl, Salz, Zucker sowie Senf verrühren. Über den Fisch in die Form gießen, mit Käse bestreuen und zuletzt Butterflöckchen aufsetzen.
- In die Mitte des heißen Backofens geben, ca. 15 Minuten garen, dann den Grill einschalten und das Gericht noch ca. 5 Minuten überkrusten lassen.
- Mit Schnittlauch bestreut servieren.

Beilagen:
Kleine Petersilienkartoffeln und ein halbtrockener Weißwein oder ein Rosé-Wein.

Italienisches Gemüsegratin

ca. 400 g Auberginen	1/2 TL geh. Oregano
ca. 400 g Zucchini	Butter für die Form
je 1 rote, gelbe, grüne Paprikaschote	Gratinsauce: 20 g Butter
600 g Tomaten	20 g Mehl
150 g Zwiebeln	1/8 l trockener Weißwein
2 Knoblauchzehen	1/8 l süße Sahne
4 EL Öl	Salz, weißer Pfeffer
1 TL Salz, weißer Pfeffer	evtl. etwas Milch
1 TL geh. Basilikum	80 g ger. Parmesan

● Auberginen und Zucchini waschen, die Stielenden abschneiden und in dünne Scheiben schneiden. Die Paprikaschoten ebenfalls waschen, trockenreiben, halbieren, von den Kernen und Rippen befreien und in ca. 1 cm breite Streifen schneiden. Die Tomaten kurz heiß überbrühen, abziehen und vierteln. Den grünen Strunk entfernen. Zwiebel sowie Knoblauch schälen und fein hacken.

● Das Öl in einer großen Pfanne erhitzen. Zuerst die Zwiebeln darin glasig dünsten, dann den Knoblauch sowie die Paprikastreifen dazugeben. Zuletzt die Auberginen- und Zucchinischeiben mitgaren und nach ca. 2 Minuten die Pfanne von der Kochstelle nehmen. Die Tomatenstücke unterheben. Mit Salz, Pfeffer und den gehackten Kräutern würzen.

● Eine halbhohe, eher längliche Auflaufform mit Butter ausstreichen. Das Gemüse einschichten.

● Für die Sauce die Butter in einer kleinen Kasserolle erhitzen, das Mehl einstreuen und hellgelb anschwitzen. Mit Weißwein ablöschen, einmal aufkochen und mit einem Schneebesen kräftig glatt rühren. Einige Minuten lang köcheln lassen, würzen und bei Bedarf etwas Milch einrühren. Zuletzt den geriebenen Käse darunterrühren und

das Gemüse mit der Gratinsauce überziehen.
● Bei 210-230 °C in der Mitte des Backofens ca. 25-30 Minuten gratinieren.

Beilagen. Baguette oder Blätterteig-Käsestangen und ein kräftiger Rotwein z. B. ein italienischer Merlot.

Überbackene Sahne-Champignons

- 400 g frische, weiße Champignons
- 400 g frische, braune Champignons
- Butter für die Form
- weißer Pfeffer
- 1 EL Zitronensaft
- 1 Knoblauchzehe

Gratinsauce:

- 200 ml süße Sahne
- 6 EL trockener Weißwein
- 1/2 TL Salz, 2 Eier
- 1 1/2 TL Stärkemehl
- 2 EL ger. Parmesan
- 2 EL ger. Emmentaler
- 1 EL geh. Petersilie

● Die Champignons putzen, waschen, gut abtropfen lassen und in Scheiben schneiden.

● Eine größere Auflaufform oder 4 kleine Gratinförmchen einfetten.

● Die Champignons hineingeben, pfeffern, mit Zitronensaft beträufeln und mit geschältem, gepresstem Knoblauch würzen.

● Sahne, Wein, Salz, Eier, Stärkemehl sowie die beiden Käsesorten mit dem Elektroquirl verrühren. Die Sauce über die Champignons in die Form(en) gießen.

● Bei ca. 230 °C in der Mitte des vorgeheizten Backofens in 10-15 Minuten garen, dann den Grill einschalten und das Gericht noch einige Minuten überkrusten.

● Mit gehackter Petersilie bestreut servieren.

Beilagen: Baguette oder Sesamfladen und ein Weißwein mit milder Säure, z. B. Pinot Grigio.

Tipps:
Die überbackenen Champignons sind eine ideale Vorspeise, die sich gut vorbereiten lässt. Den Weißwein, mit dem Sie das Gericht zubereiten, sollten Sie auch zum Essen servieren.

Brokkoli-Käsegratin

Gratinsauce:
250 ml süße Sahne

1 Knoblauchzehe

100 g Doppelrahm-Frischkäse

50 g ger. Käse z. B. Emmentaler oder „Pikantje“ von Gouda

1 Prise Cayennepfeffer

2 Eier

600-800 g frischer oder tiefgefrorener Brokkoli

Salzwasser, weißer Pfeffer

20 g Butterflöckchen

Butter für die Form

- Für die Gratinsauce die Sahne in einen mittleren Topf geben, geschälten, gepressten Knoblauch und beide Käsesorten hinzufügen. Langsam, unter beständigem Rühren erhitzen. Von der Kochstelle nehmen, mit Cayennepfeffer würzen und abkühlen lassen, dann erst die Eier unterziehen.

- In der Zwischenzeit den frischen Brokkoli kalt abspülen, große Stauden halbieren oder vierteln. In reichlich gesalzenem Wasser für 6-8 Minuten andünsten, auf ein Sieb geben und abtropfen lassen. Tiefgefrorenes Gemüse aus der Packung nehmen und auftauen.

- Eine mittelgroße Auflaufform einfetten, das Gemüse hineinschichten und mit Pfeffer würzen.

- Den Backofen auf 210-230 °C vorheizen.

- Die Gratinsauce gleichmäßig über den Brokkoli verteilen, Butterflöckchen aufsetzen und das Gericht auf der mittleren Schiene des heißen Backofens in ca. 15 Minuten gratinieren. Nach ca. 10 Minuten kontrollieren und die Temperatur ggf. zurücknehmen, falls die Oberseite bereits bräunt.

Beilagen: Kartoffeln, Rösti oder Kroketten, auch geröstetes Toastbrot

Tipp:
Auch andere Gemüsesorten wie Mangold, Blumen- oder Rosenkohl bzw. Staudensellerie lassen sich auf diese Art zubereiten und im Backofen gratinieren.

Raffinierte Knusperbirnen

- 500 g Birnen
- 2 EL Zitronensaft
- 5 Zwiebäcke
- 80 g gem. Haselnüsse
- 50 g Kokosflocken
- 50 g brauner Zucker
- 50 g Butter

● Die Birnen waschen, trockenreiben, dann schälen, halbieren, vom Kerngehäuse befreien und grob raspeln.

● In eine halbhohe, sehr hitzebeständige Auflaufform geben und mit Zitronensaft beträufeln.

● Die Zwiebäcke im Mixer sehr fein zerkleinern, dann mit Haselnüssen, Kokosflocken und Zucker gleichmäßig durchmischen. Über die Birnen verteilen.

● Den Backofen auf ca. 250 °C vorheizen.

● Die Butter in einem kleinen Topf schmelzen und über die Zwiebackmischung träufeln.

● Im oberen Drittel des Backofens in ca. 15 Minuten zubereiten.

Beilage: Zum Birnengratin passt am besten eine Weinschaumsauce. Das Rezept finden Sie auf der Seite 78.

Pflaumen-Biskuitgratin

- 125 g Löffelbiskuits
- 4 cl Pflaumenwein oder Pflaumenaperitif z. B. von Kikkoman
- 500 g reife Pflaumen
- 2 EL Zucker
- 60 ml Weißwein
- 60 ml Pflaumenwein oder -aperitif
- 2 Eigelb
- 2 EL Mehl
- 2 Eiweiß
- 1 TL Zimt, 1 TL Zucker
- Butter für die Form

● Die Löffelbiskuits in eine gefettete Gratinform legen und mit Pflaumenwein bzw. Aperitif beträufeln.

● Die Pflaumen waschen, trockenreiben, halbieren, entkernen und mit Zucker, Weißwein und dem Pflau-

menwein bzw. -aperitif ca. 10 Minuten lang in einem größeren Kochtopf dünsten, dabei gelegentlich umrühren. Die Mischung auf einem Sieb abtropfen lassen, dann auf den Biskuits verteilen.

- Eigelb mit Mehl verrühren. Die Eiweiße steif schlagen, unterziehen.
- Den Backofen auf ca. 200 °C vorheizen.
- Die Biskuitmasse über die Pflaumen in die Form geben und das Gericht in der Mitte des Backofens ca. 25-30 Minuten goldbraun gratinieren. Gegen Ende der Zeit kontrollieren, sodass die Oberseite nicht zu dunkel wird.
- Vor dem Servieren mit Zimt sowie Zucker bestreuen.

Beeren-Crumble

250 g Brombeeren (frisch oder tiefgefroren)
250 g Himbeeren (frisch oder tiefgefroren)
Butter für die Form
1 Pa Vanillezucker
100 g Zucker
2 EL Amaretto-Likör

Crumble (Streusel):
100 g Butter
125 g Zucker
175 g Mehl
1 TL Zimt
2 cl Amaretto-Likör
30 g gem. Mandeln

- Frische Beeren waschen und gut abtropfen lassen. Tiefgefrorene Früchte auftauen.
- Eine Gratinform einfetten und die Beeren hineingeben. Vanillezucker mit Zucker mischen und darüberstreuen. Mit Amaretto-Likör beträufeln.
- Für die Crumble Butter, Zucker, Mehl, Zimt, Likör sowie Mandeln in eine hohe Schüssel geben und mit dem Elektroquirl mit Knethaken zu feinen Streuseln verarbeiten. Diese gleichmäßig über die Beeren verteilen.
- Bei 200-220 °C auf der mittleren Schiene des Backofens in 25-30 Minuten goldbraun backen.

Beilage: Zum „Beeren-Crumble" passt am besten halbgeschlagene, süße Sahne.

Aprikosengratin

600 g Aprikosen aus der Dose
Butter für die Form
125 g Löffelbiskuits

Gratinguss:
100 g gem. Mandeln
150 g Magerquark
2 Eier
300 ml süße Sahne
2-3 EL Vanille-Puddingpulver
etwas abgeriebene Zitrone
1 Prise Salz
4 EL brauner Zucker

- Die Aprikosen gut abtropfen lassen.
- Eine längliche, halbhohe Auflaufform einfetten, mit

Löffelbiskuits auslegen und die Aprikosen darauf verteilen.

- Den Backofen auf 200-220 °C vorheizen.
- Aus den restlichen Zutaten einen sehr cremigen Guss herstellen und über die Aprikosen in die Form gießen. Diese sofort in die Mitte des heißen Backofens setzen und ca. 25-30 Minuten backen. Je nach Bräunungsgrad anschließend einige Minuten mit dem Grill gratinieren.

Champignon-Quiche

Teig:
200 g Mehl
60 ml Wasser
80 g Butterschmalz
1/2 TL Salz
1 Msp. weißer Pfeffer

Belag:
200 g Zwiebeln
250 g frische Champignons
30 g Butter oder Margarine
150 g Crème fraîche
100 ml süße Sahne
2 Eier
1 EL Stärkemehl
150 g gekochter Schinken
Salz, weißer Pfeffer
1/2 Knoblauchzehe nach Belieben
1/2 TL Kräuter der Provence

- Mehl, Wasser, Fett sowie Gewürze in eine Rührschüssel geben und mit dem Elektroquirl mit Knetern oder in der Küchenmaschine zu einem geschmeidigen Teig verarbeiten. Bei Raumtemperatur, mit einem Küchentuch zugedeckt, ca. 30 Minuten lang ruhen lassen.
- Inzwischen den Belag vorbereiten. Hierzu die Zwiebeln schälen und die Champignons gründlich putzen. Beides in Scheiben schneiden. In heißem Fett zuerst die Zwiebelringe glasig dünsten, dann die Champignons dazugeben. Gut abtropfen lassen.
- 2/3 des Teiges am Boden einer ungefetteten Springform aus dunklem Metall (ø 26 cm) ausrollen, den Rest zu einer Rolle formen und am Formenrand ca. 2 cm hochdrücken.

Den Boden mit einer Gabel mehrfach einstechen.

● Zur Zwiebel-Champignonmischung den gewürfelten Schinken dazugeben und auf dem Teigboden gleichmäßig verteilen.

● Crème fraîche, Sahne, Eier und Stärkemehl verquirlen. Mit Salz, Pfeffer, Kräutern sowie geschältem, gepresstem Knoblauch (nach Belieben) kräftig würzen. Über die Zutaten in die Form gießen und die Quiche bei 180-200 °C im unteren Drittel des Backofens in ca. 50 Minuten backen.

● In der Form abdampfen lassen, vorsichtig herausnehmen und lauwarm servieren.

Beilagen: Tomatensalat und ein kühles Bier.

Apfel-Zwiebel-Quiche

Teig:
- 200 g Mehl
- 1/2 TL Salz
- 1 TL Backpulver
- 100 g Speisequark (20 % Fettgehalt)
- 4 EL Milch
- 4 EL Öl

Belag:
- 4-5 säuerliche Äpfel (z. B. Boskop, Granny Smith)
- 400 g Zwiebeln
- 50 g geh. Walnüsse
- 150 g magerer Speck
- 1 EL Butter
- weißer Pfeffer
- 200 ml saure Sahne
- 80 g ger. Emmentaler
- 4 EL Crème fraîche
- 3 Eier
- Butter für die Form

● Das Mehl in eine Rührschüssel sieben und mit Salz sowie Backpulver mischen. Quark, Milch und Öl hinzufügen und alles unter Verwendung des Elektroquirls mit Knetern zu einem geschmeidigen Teig verarbeiten. Zugedeckt mindestens 30 Minuten lang kühl stellen.

● Inzwischen den Speck in Streifen und die geschälten Zwiebeln in dünne Ringe schneiden. Den Speck in einer möglichst beschichteten

Pfanne ohne Fettzugabe ausbraten, herausnehmen. Die Butter schmelzen lassen, die Zwiebelringe einige Minuten darin dünsten.

● Die Äpfel schälen, vierteln, vom Kerngehäuse befreien und in dünne Spalten schneiden. Mit den Zwiebeln mischen. Walnüsse sowie Speck unterrühren und die Mischung mit Pfeffer würzen.

● Saure Sahne, Käse, Crème fraîche und Eier verquirlen.

● Den Backofen auf 180-200 °C vorheizen.

● Den Teig auf bemehlter Arbeitsfläche ausrollen, in eine gefettete Spring- oder Quicheform (ø 26 cm) legen und dabei einen ca. 2 cm hohen Rand formen. Den Boden mehrfach mit einer Gabel einstechen.

● Die Apfel-Zwiebelmasse darauf verteilen und mit der Eier-Käsesahne überziehen.

● In 40-50 Minuten im unteren Drittel des Backofens goldbraun backen.

● Die Form herausnehmen, ausdampfen lassen, die Quiche vorsichtig herauslösen und lauwarm servieren.

Tipp:
Zur Apfel-Zwiebel-Quiche passt am besten ein gut gekühlter, trockener Weißwein (z. B. Riesling, Sylvaner).

Schweizer Käsewähe

Teig:
- 200 g Mehl
- 100 g Butter
- 2 Eigelb
- 3 EL kaltes Wasser
- 1 gestr. TL Backpulver
- 1 Prise Salz

Belag:
- 250 g ger. Emmentaler
- 1/4 l Crème fraîche oder saure Sahne
- 2 Eier
- weißer Pfeffer, edelsüßer Paprika

● Aus Mehl, Butter, Eigelb, Wasser, Backpulver und Salz einen geschmeidigen Mürbeteig zubereiten und ca. 30 Minuten kalt stellen.
● Eine Springform aus dunklem Metall (ø 26 cm) bereitstellen. 2/3 des

Elsässischer Zwiebelkuchen

Teig:	Belag:
20 g Hefe	1 kg Zwiebeln
1/8 l lauwarme Milch	30 g Butter, 3 Eier
1 Prise Zucker	150 g saure Sahne
250 g Mehl	Kümmel, Salz, Pfeffer
1/4 TL Salz	175 g durchwachsener Speck
60 g Butter oder Margarine	Butter für die Form

- Die Hefe in lauwarme Milch bröckeln, Zucker hinzufügen und die Mischung 10-15 Minuten zugedeckt an einem warmen Ort aufgehen lassen. Mehl, Salz sowie Fett zur Hefemilch geben, alles zu einem glatten Teig verkneten und nochmals weiter aufgehen lassen.

- In der Zwischenzeit die Zwiebeln schälen, in Ringe schneiden und in einer größeren Pfanne in heißer Butter glasig dünsten. Von der Kochstelle nehmen und auskühlen lassen. Eier, saure Sahne und Gewürze verquirlen. Den Speck in kleine Würfel schneiden.

- Eine Springform (ø 28 cm) einfetten, den aufgegangenen Teig nochmals durchkneten, 2/3 auf dem Boden der Form verteilen, aus dem restlichen Drittel eine Rolle und daraus einen 3 cm hohen Rand formen.

- Die Zwiebelmasse einfüllen. Mit Speckwürfeln bestreuen und mit der Eiersahne übergießen.

- Bei 180-200 °C im unteren Drittel des Backofens in ca. 50-60 Minuten backen. Lauwarm servieren.

Beilagen: Gemischter, grüner Salat und junger, grüner Wein, z. B. ein „Vinho verde“ aus Portugal.

Tomaten-Quiche

<u>Teig:</u>
200 g Mehl
1 Prise Salz
1 Eigelb
2 EL kaltes Wasser
150 g Butter oder Margarine

<u>Belag:</u>
200 g magerer Schinkenspeck
1 kg reife Tomaten
4 Eier, 1/4 l Milch
Salz, weißer Pfeffer
frischer Basilikum und Oregano

- Aus den angegebenen Zutaten, wie im Rezept für „Quiche lorraine" auf der Seite 67 beschrieben, einen Teig herstellen und mindestens 30 Minuten im Kühlschrank ruhen lassen.
- Den Speck in feine Streifen schneiden und in einer größeren Pfanne knusprig ausbraten.
- Die Tomaten heiß überbrühen, häuten, den Stielansatz herausschneiden und vierteln.
- Den Teig ausrollen, eine Quicheform (ø 28-30 cm) aus dunklem Metall damit auslegen, am Rand hochziehen und festdrücken. Den Boden mehrfach mit einer Gabel einstechen.
- Den Backofen auf 180-200 °C vorheizen.
- Den Speck auf dem Teigboden verteilen, Eier mit Milch verquirlen und einfüllen. Die Tomaten dicht nebeneinander auflegen. Dazwischen die klein geschnittenen, frischen Kräuter verteilen.
- Die so vorbereitete Quiche sofort in den heißen Backofen (unteres Drittel) geben und in ca. 50 Minuten goldbraun backen.
- Nach Ablauf der Backzeit die Form noch ca. 15 Minuten im ausgeschalteten Backofen stehen lassen, dann erst herausnehmen, die Quiche vorsichtig aus der Form lösen und noch warm servieren.

Beilage: Gemischter, grüner Salat

Tipps:
Vor dem Belegen des Teigbodens 2 EL Semmelbrösel darauf verteilen,

dann bäckt die Quiche besser durch. Sollten Sie einmal wenig Zeit haben, so können Sie diese Quiche auch mit tiefgefrorenem Blätterteig (300 g) zubereiten. Die Zubereitung ist im Rezept „Raffinierte Spargel-Quiche" (S. 63) beschrieben.

Quiche lorraine

(Lothringer Käsekuchen)

Teig:

- 200 g Mehl
- 100 g Butter oder Margarine
- 3 EL Wasser
- 1/2 TL Salz
- 2 EL Semmelbrösel

Belage:

- 200 g magerer Speck, gewürfelt und ausgebraten
- 200 g geraspelter Emmentaler
- 3 Eier, 200 ml saure Sahne
- weißer Pfeffer, edelsüßer Paprika

● Gesiebtes Mehl mit Fett, Wasser sowie Salz zu einem geschmeidigen Teig verkneten und zugedeckt ca. 30 Minuten lang kalt stellen.

● Eine Spring- oder Quicheform (ø 28 cm) aus dunklem Metall mit 2/3 des Teiges am Boden auslegen. Don restlichen Teig ca. 2 cm am Formenrand hochdrücken. Den Boden mit einer Gabel mehrmals einstechen und mit Semmelbröseln ausstreuen.

● Speckwürfel und Käse darauf verteilen. Eier mit saurer Sahne sowie Gewürzen verquirlen und in die Form gießen.

● Die Quiche bei 200-220 °C im unteren Drittel des Backofens in 40-50 Minuten goldbraun backen. Nach Ablauf der Zeit noch ca. 10-15 Minuten im abgeschalteten Backofen ausdampfen lassen, dann vorsichtig aus der Form lösen und lauwarm servieren.

Beilagen: Tomatensalat und ein trockener Weißwein, z. B. Elsässischer Riesling oder Sylvaner.

Herzhafte Käse-Kräuterquiche

Teig:
120 g abgetropfter Quark (20%)
1 Eigelb
je 1 Prise Zucker und Salz
150 g Mehl
1 gestr. TL Backpulver

Belag:
ca. 500 g Weißkohl
2 Zwiebeln
2 säuerliche Äpfel
1-2 Knoblauchzehen
1 EL Zucker
40 g Butter
Paprikapulver, weißer Pfeffer, Salz
etwas Essig, geh. Petersilie
200 g Allgäuer Emmentaler
3 Eier
200 g saure Sahne

● Für den Teig den Quark mit Eigelb, Gewürzen sowie Öl verrühren und die restlichen Zutaten unterkneten. In Folie eingewickelt, ca. 30 Minuten ruhen lassen.

● Für die Füllung den Kohl putzen, vierteln, den Strunk entfernen und quer in feine Streifen schneiden. Die Zwiebeln schälen und würfeln. Die Äpfel ebenfalls schälen, achteln und vom Kernhaus befreien. Den Zucker in einem weiten Topf goldgelb karamelisieren, die Butter hinzufügen. Den Kohl, die Zwiebeln und den gepressten Knoblauch darin andünsten. Dabei mehrfach gut durchrühren. Kräftig würzen, die Äpfel dazugeben und ca. 20 Minuten weitergaren. Zuletzt mit Essig und Petersilie abrunden. Auskühlen lassen.

● Den Teig ausrollen, in eine gefettete Springform (ø 26 cm) geben, dabei einen Rand von ca. 3 cm hochziehen. Den Teigboden mehrfach mit einer Gabel einstechen. Den Backofen auf 180-200 °C vorheizen. Den Käse in 1x1 cm große Würfel schneiden, die Eier mit saurer Sahne verquirlen und alles mit dem Kraut mischen. Die Füllung in die Form geben und diese

putzen, in feine Ringe schneiden, waschen, abtropfen lassen und unter beständigem Wenden in heißem Öl glasig dünsten. Zum Abkühlen beiseite stellen, dann würzen.

- Mehl, Crème fraîche, Eier, Speckwürfel sowie Käse verrühren und unter den Lauch mischen.
- Den Backofen auf 180-200 °C vorheizen.
- Eine Springform (ø 26 cm) aus dunklem Metall einfetten, den Teig ausrollen, in die Form geben und einen Rand von ca. 3 cm hochziehen. Am Boden mehrfach mit einer Gabel einstechen, dann mit Semmelbröseln ausstreuen.
- Den Belag daraufgeben, die Quiche in 50-60 Minuten goldbraun backen (unteres Backofendrittel) und lauwarm servieren.

Beilagen: Gemischter Salat und ein leichter französischer Rotwein.

Aprikosen-Tarte

Teig:
250 g Mehl

80 ml Wasser

100 g Butter oder Margarine

1 Prise Salz

Belag:
2 große Dosen Aprikosenhälften à ca. 800 g Abtropfgewicht

2 EL gem. Mandeln

ganze Mandeln

Guss:
250 ml süße Sahne

2 Eier

1 EL Stärkemehl

1 Pa Vanillezucker

1 TL abgeriebene Schale 1 unbehandelten Zitrone

- Mehl, Wasser, Fett sowie Salz in eine Rührschüssel geben und mit dem Elektroquirl mit Knetern oder in der Küchenmaschine zu einem geschmeidigen Teig verarbeiten.
- Eine Tarteform (ø 28 cm) bereitstellen. Den Teig in Formgröße ausrollen und einlegen. Mehrfach mit einer Gabel einstechen und mit gemahlenen Mandeln bestreuen.
- Die gut abgetropften Aprikosenhälften mit der Schnittfläche nach oben darauflegen. In jede Frucht eine ganze, abgezogene Mandel geben.

● Für den Guss alle Zutaten verquirlen und über die Aprikosen in die Form gießen.

● Bei 180-200 °C im unteren Drittel des Backofens in 40-45 Minuten goldbraun backen.

Feine Marzipan-Apfeltarte

Teig:
200 g Mehl
100 g Butter
50 g Zucker
1 Ei
1 Prise Salz

Apfelmasse:
5-6 säuerliche Äpfel (ca. 1 kg)
2-3 EL Zucker
1 Msp. Zimt
2 cl Calvados
ca. 80 g geh. Haselnüsse

Außerdem:
200 g Marzipanrohmasse
1 Ei
1 Pa Vanillezucker
2 EL Semmelbrösel
2 EL Aprikosen-Konfitüre

● Aus den angegebenen Zutaten, wie im Rezept „Franz. Apfeltarte" (S. 75) beschrieben, einen Mürbeteig zubereiten und kalt stellen.

● Inzwischen die Äpfel schälen, vierteln, vom Kerngehäuse befreien und in größere Stücke schneiden. Mit Zucker, Zimt, Calvados und Haselnüssen bei milder Hitze halb gar dünsten. Auskühlen lassen.

● Marzipan klein schneiden und mit Ei sowie Vanillezucker verkneten. Falls die Masse zu fest ist, noch etwas Eiweiß zugeben und in einen Spritzbeutel mit kleiner Tülle füllen.

● Den Mürbeteig auf wenig bemehlter Arbeitsfläche ausrollen und in eine Tarteform (ø 26 cm) geben, die vorher eingefettet und mit 1 EL Semmelbröseln ausgestreut wurde. Den Teig am Formenrand andrücken und den Boden mehrmals mit einer Gabel einstechen.

● Die restlichen Semmelbrösel auf dem Teigboden verteilen, die Apfelmasse darauf geben und glatt streichen. Die Marzipanmischung gitterförmig aufspritzen und den Kuchen bei 180-200 °C in ca. 40-50 Minuten goldgelb

- Die Form aus dem Backofen nehmen, das Backpapier mit der Auflage entfernen.

- Die Erdbeeren mit der Stielseite nach unten eng nebeneinander aufsetzen und die Früchte mit dem Eischnee überziehen. Zucker aufstreuen.

- Die Tarte nochmals für ca. 10 Minuten bei 220-230 °C goldgelb überbacken.

- Lauwarm servieren.

Saucen

Béchamelsauce

30-40 g Butter
30-40 g Mehl
ca. 1/2 l Milch
Salz, weißer Pfeffer
frisch geriebener Muskat

- In einem größeren Kochtopf die Butter erhitzen, das Mehl mit Hilfe eines Schneebesens einrühren und hellgelb anschwitzen lassen. Den Kochtopf zum Abkühlen beiseite stellen.

- Nach und nach Milch mit Salz dazugeben. Unter beständigem Rühren zum Kochen bringen.

- Bei milder Hitze und gelegentlichem Weiterrühren ca. 30 Minuten lang quellen lassen.

- Zuletzt mit Pfeffer und Muskat würzen, nochmals abschmecken.

Käsesauce

1 Rezeptmenge „Béchamelsauce“
1 Prise Cayennepfeffer
3-4 EL süße Sahne
20 g Butterflöckchen
50-60 g ger. Emmentaler

Die vorbereitete Béchamelsauce mit Cayennepfeffer würzen. Sahne, Butterflöckchen sowie Käse dazugeben und in die heiße Sauce einrühren.

Weinschaumsauce

- 3 Eigelb
- 1 Ei
- 100 g Zucker
- 1/4 l trockener Weißwein
- Saft 1/2 Zitrone

● Alle Zutaten in eine Metallschüssel geben. Gut verquirlen und auf einem heißen, jedoch nicht kochenden Wasserbad sehr schaumig aufschlagen. Warm oder kalt servieren.

Fruchtsauce

- 500 g Früchte (Beeren, Steinobst), frisch oder tiefgefroren
- ca. 1/4 l Wasser
- 125 g Zucker
- 1/2 EL Stärkemehl
- Saft 1 Zitrone
- 2 cl Likör nach Belieben (z. B. Kirsch- oder Mandellikör)

● Die Früchte vorbereiten, kurz waschen, gut abtropfen lassen und im Mixer pürieren oder durch ein Sieb passieren.

● Wasser mit Zucker 5 Minuten kochen, das Fruchtpüree dazugeben, gut durchkochen.

● Das Stärkemehl mit etwas Wasser glattrühren, zur Sauce geben und aufkochen.

● Mit Zitronensaft und Likör abschmecken. Kalt oder warm servieren.

Schokoladensauce

- 125 g Blockschokolade
- 50 g Zucker
- 1/8 l Wasser
- 125 ml süße Sahne
- 1 cl Kaffeelikör oder Rum nach Belieben
- etwas Kakaopulver

● Die Schokolade zerbrechen oder grob reiben. Mit Zucker sowie Wasser in einen Topf geben und langsam schmelzen lassen. Mit einem Schneebesen glatt rühren, langsam die Sahne dazugeben und kräftig erhitzen.

● Von der Kochstelle nehmen, mit Kaffeelikör oder Rum abschmecken und mit etwas Kakaopulver abrunden. Warm oder abgekühlt servieren.

KOMPASS Küchenschät

VERSCHIEDENE THEMEN

1749 Almküche, Gutes aus der
1728 Aufläufe, Gratins, Quiches und Tartes
1724 Backbuch, Das kleine feine
1735 Brotbacken, Das kleine Buch vom
1745 Bärlauch, Knoblauch & Zwiebel
1747 Bayerischen Bier, Das kleine Buch vom
1740 Desserts, Köstliche
1739 Einmachen, Das kleine Buch vom
1730 Fischkochbuch, Das kleine
1738 Grillen, Das kleine Buch vom
1725 Hausmittel, Alte
1723 Heilkräuter für Leib und Seele
1750 Klosertküche, das Beste aus der
1733 Käsekochbuch, Das kleine
1720 Knödel
1742 Kürbiskochbuch, Das kleine
1721 Natur-Heilschnäpse, Magenbitter und Liköre
1748 Omas Küchenschätze
1726 Pasta, Pizza und Risotto
1732 Pilzkochbuch, Das kleine
1731 Salatbuch, Das kleine bunte
1744 Schokolade, Das kleine Buch der
1729 Strudel und Blätterteig
1741 Suppen und Eintöpfe, Feine
1734 Vegetarisch kochen
1722 Weihnachtsbäckerei

ÖSTERREICH

1705 Kärntner Spezialitäten
1736 Österreichische Kaffeebuch, Das kleine
1710 Österreichische Mehlspeisen
1700 Österreichische Spezialitäten
1702 Österreichische Weihnachtsbäckerei
1704 Salzburger Spezialitäten
1707 Steirische Spezialitäten
1703 Tiroler Spezialitäten
1706 Vorarlberger Spezialitäten
1709 Wiener Spezialitäten

DEUTSCHLAND

1708 Bayerische Schmankerl
1727 Berliner Spezialitäten
1715 Fränkische Spezialitäten
1711 Mecklenburg und Vorpommern, Spezialitäten aus
1712 Schleswig-Holstein und Hamburg, Spezialitäten aus
1714 Schwäbische Spezialitäten
1713 Thüringer Spezialitäten

ITALIEN

1754 Südtiroler Backrezepte
1701 Südtiroler Spezialitäten
1746 Südtiroler Speckbuch, Das kleine
1737 Toskana, Spezialitäten aus der

ENGLISCH (in Deutschland nicht erhältlich)

1717 Austrian Pastries and Desserts/ Österr. Mehlspeisen
1718 Austrian Specialties/Österr. Spezialitäten
1743 Dumplings/Knödel
1762 Tuscan Specialties/ Spezialitäten aus der Toskana
1719 Tyrolean Specialties/Tiroler Spezialitäten
1716 Viennese Specialties/Wiener Spezialitäten

ITALIENISCH (in Deutschland nicht erhältlich)

1755 Antichi rimedi popolari
1756 Canederli
1761 Delizie ai funghi
1752 Dolci delle Dolomiti
1751 Dolomiti, Specialità delle
1758 Erbe Medicinali
1757 Grappe aromatiche
1759 Pasta, Pizza e Risotto
1760 Strudel & Pasta sfoglia
1851 Vini e cantine in Trentino

www.kompass.at

Zu den Rezepten:

Die Rezepte sind für 4 Personen (Hauptgerichte) bzw. für 6-8 Personen (Vorspeisen) bemessen. Die Temperaturangaben sind Richtwerte. Entsprechende Hinweise zur Einstellung des Backofens finden Sie auf der Seite 9.

Zum Gebrauch des Buches:

Bitte beachten Sie folgende Abkürzungen bei den Rezepten:

EL	Esslöffel
TL	Teelöffel
Msp	Messerspitze
g	Gramm
kg	Kilogramm
l	Liter
cl	Zentiliter
geh.	gehäuft
gem.	gemahlen
ger.	gerieben
gestr.	gestrichen
Pa.	Päckchen

Bildnachweis:

Scheurich: 3
Durand: 6/7, 75
Deutscher Käse/Ketchum PR, München: 12/13
Maggi Kochstudio: 15
Robert Bosch Hausgeräte GmbH, München: 17, 70, Rücktitel
Fotostudio Teubner, Füssen: 19, 33, 43, 53
Siemens Electrogeräte GmbH, München: 21, 26, 34/35, 46, 49
Deutsche Champignons/Ketchum PR, München: Innentitel, 25
Langnese-Iglo, Hamburg: Titelmotiv, 28
Kalifornische Rosinen/Ketchum PR, München: 39
Sigloch Edition, Künzelsau: 40/41
Kikkoman/Ketchum PR, München: 44/45, 57
Alevita/Ketchum PR, München: 50/51
Adam/Ketchum PR, München: 61
Thomy/Ketchum PR, München: 64
Aurora/Ketchum PR, München: 73

Autorin und Verlag danken den oben genannten Unternehmen für die umfangreiche und freundliche Bereitstellung des Bildmaterials.

Lektorat: Ursula Calis, München
Design & Produktion: Verlagsbüro Fritz Petermüller, Siegsdorf

Fax 0043(0)512/265561-8
e-mail: kompass@kompass.at
http://www.kompass at
Verlagsnummer: 1728
ISBN 978-3-85491-072-5